CARRIÈRES ALGÉRIENNES

CONTRIBUTIONS DIVERSES

ORGANISATION — PERSONNEL — TRAITEMENT

RECRUTEMENT — SURNUMÉRAIRES — PIÈCES A FOURNIR

PROGRAMME DU CONCOURS

VACANCES RÉSERVÉES AUX SOUS-OFFICIERS — AVANCEMENT

UNIFORME — MARIAGE

MESURES DISCIPLINAIRES — CONGÉS

PORTEURS DE CONTRAINTES

HOSPITALISATION — PASSAGES SUR LES PAQUEBOTS

LANGUE ARABE — RETRAITES

PARIS

Henri CHARLES-LAVAUZELLE

Éditeur militaire

10, Rue Danton, Boulevard Saint-Germain, 118

(MÊME MAISON A LIMOGES

CARRIÈRES ALGÉRIENNES

CONTRIBUTIONS DIVERSES

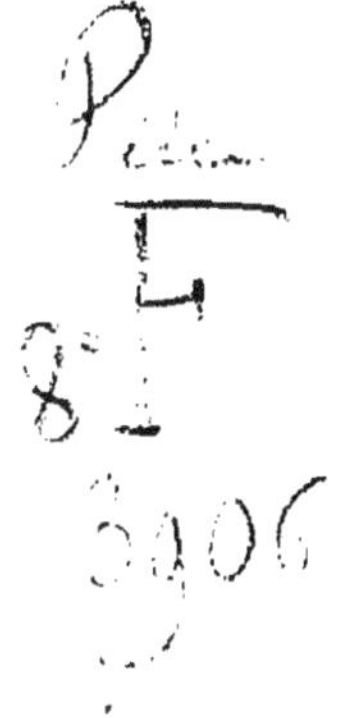

CARRIÈRES ALGÉRIENNES

CONTRIBUTIONS DIVERSES

ORGANISATION — PERSONNEL — TRAITEMENT
RECRUTEMENT — SURNUMÉRAIRES — PIÈCES A FOURNIR
PROGRAMME DU CONCOURS
VACANCES RÉSERVÉES AUX SOUS-OFFICIERS — AVANCEMENT
UNIFORME — MARIAGE
MESURES DISCIPLINAIRES — CONGÉS
PORTEURS DE CONTRAINTES
HOSPITALISATION — PASSAGES SUR LES PAQUEBOTS
LANGUE ARABE — RETRAITES

PARIS
HENRI CHARLES-LAVAUZELLE
Éditeur militaire
10, Rue Danton, Boulevard Saint-Germain, 118

(MÊME MAISON A LIMOGES

CONTRIBUTIONS DIVERSES

Organisation.

Le service des contributions diverses, chargé de la perception des contributions directes et assimilées, ainsi que de l'assiette et du recouvrement des contributions indirectes, fonctionne en Algérie dans les conditions ci-après :

Le Gouverneur général dirige et assure le service au moyen du personnel mis à sa disposition par l'administration des contributions indirectes et des agents du cadre algérien et employés auxiliaires, dont la nomination lui appartient.

Le personnel mis à la disposition du

Gouverneur général se compose d'agents pris dans le cadre métropolitain des contributions indirectes et d'agents dont le recrutement est assuré sur place au moyen d'examens et de concours.

Les formes et les conditions des examens et concours sont déterminées par le Gouverneur général.

L'admission des candidats est prononcée par le directeur général des contributions diverses.

Personnel.

Le personnel de chacun des trois départements comprend :

Un directeur;
Un inspecteur;
Trois sous-directeurs;
Des contrôleurs;
Des receveurs;
Des commis.

L'effectif du personnel mis à la disposition des directeurs et des sous-directeurs est fixé par le Gouverneur général, qui règle aussi la répartition, entre les diverses sous-directions, des contrôleurs et des bureaux de recette de chaque département.

En dehors des commis de recette qui leur sont adjoints pour les travaux de bureau, les receveurs sont assistés, pour les poursuites à exercer en vue du recouvrement des contributions directes et taxes assimilées, par des porteurs de contraintes attachés à leur bureau.

Traitement.

Les fonctionnaires et agents du personnel des contributions diverses reçoivent le traitement suivant :

Directeurs..............	de 8.000 à 12.000 fr.
Sous-directeurs.......	de 4.000 à 6.000
Inspecteurs..........	de 4.000 à 6.000
Contrôleurs..........	à 3.000 et 3.500
Commis de direction..	de 1.500 à 5.000
Receveurs principaux et entreposeurs.....	de 3.000 à 6.000
Receveurs particuliers sédentaires........	de 2.400 à 5.000
Receveurs ambulants.	de 2.400 à 3.300
Commis principaux...	de 2.000 à 3.000
Commis..............	de 1.500 à 1.700

Ces fonctionnaires et agents ont droit, en outre, à un supplément colonial équivalent au quart de leur traitement normal. (Loi de finances 1895.)

Les porteurs de contraintes reçoivent un traitement fixe variant, suivant les résidences, de 1.300 fr. à 2.100 francs.

Lorsque, pour l'exercice de leur ministère, les porteurs de contraintes doivent se rendre dans des localités distantes d'au moins 6 kilomètres du lieu de leur résidence, ils ont droit, indépendamment de leur traitement fixe, à une indemnité journalière réglée à raison de 3 francs au moins et de 6 francs au plus, suivant la distance parcourue.

Les tournées de perception dans les tribus ou douars sont assurées par les commis de recette; ces agents sont défrayés de toutes leurs dépenses personnelles par une indemnité journalière fixe déterminée suivant l'importance des bureaux.

Recrutement.

Surnuméraires.

Nul ne peut être nommé surnuméraire s'il n'est âgé de 19 ans au moins et de 25 ans au plus.

Néanmoins, peuvent être commissionnés à 18 ans les fils des employés du service et les jeunes gens munis d'un diplôme de bachelier ès-lettres, ès-sciences ou du certificat d'études de coutumes indigènes et de droit administratif, et, après 25 ans, les candidats qui auront satisfait aux épreuves du concours avant d'avoir accompli cet âge.

Peuvent exceptionnellement être admis jusqu'à l'âge de 30 ans inclusivement les postulants qui justifient de services militaires dont la durée compense le temps qui les place en dehors de la limite d'âge, ainsi que ceux qui justifient de services civils pouvant entrer dans la liquidation d'une pension de retraite.

Sont admis à prendre part au concours les candidats qui, n'ayant pas atteint l'âge voulu pour être commissionnés, en sont séparés par moins d'une année.

Pièces à fournir.

Tout candidat doit produire au directeur des contributions diverses de son département :

1° Une demande d'admission;

2° Une expédition de son acte de naissance;

3° Un extrait de son casier judiciaire ne dépassant pas trois mois de date;

4° Un certificat délivré par les autorités locales, dans le mois qui précède l'inscription de la candidature, constatant qu'il jouit de la qualité de Français et qu'il est de bonnes vie et mœurs;

5° Un certificat de médecin attestant qu'il est exempt de toute infirmité ou difformité corporelle, et que sa taille est au moins de 1^m,54; ce certificat ne dispense pas de la visite au moment de l'examen;

6° Un certificat des autorités locales ou toute autre pièce établissant qu'il possède personnellement, ou par sa famille, les ressources suffisantes pour subvenir à ses besoins pendant la durée du surnumérariat.

Cette justification devra être accompagnée, s'il y a lieu, d'un engagement écrit des parents, tuteurs ou subrogés tuteurs;

7° Un certificat du proviseur, principal ou chef d'institution auprès duquel il a fait ses études.

Ce certificat devra faire connaître à quelle classe les études du candidat se sont arrêtées et énoncer en même temps quelle a été sa conduite pendant son séjour dans l'établissement;

8° Une copie certifiée de l'état de ses services militaires, ainsi qu'une copie du certificat de bonne conduite ou, en tout état de cause, un certificat établissant sa situation au point de vue de la loi sur le recrutement de l'armée;

9° Enfin, des copies certifiées des diplômes ou brevets que le postulant possède.

Toutes ces pièces sont soumises à la formalité du timbre, à l'exception de celles énoncées aux articles 3, 8 et 9; toutes les signatures apposées sur ces pièces doivent être légalisées.

Programme du concours.

Le programme de l'examen est réglé ainsi qu'il suit :

1° Une dictée faite sur papier non réglé, sans que le postulant puisse en corriger l'orthographe au moyen d'aucun livre ou secours étranger;

2° Composition française sur un sujet donné;

3° Solution de diverses questions sur la géographie;

4° Arithmétique : calcul des quatre premières règles. — Connaissance du système métrique. — Théorie des proportions. — Solution de plusieurs problèmes d'arithmétique élémentaire;

5° Questions sur la physique et la chimie élémentaires :

Physique : Principes généraux de la pesanteur; centre de gravité; attraction, poids, balances et bascules. — Transmission des pressions dans les fluides; principe d'Archimède; poids spécifiques; aréomètres. — Pression atmosphérique; baromètres; manomètres; machine pneumatique. — Dilatation des corps par la chaleur : thermomètres. — Fusion et dissolution. — Solidification. — Evaporation. — Ebullition. — Dilatation. — Machines à vapeur.

Chimie : Nomenclature. — Equivalents. — Poids atomiques. — Notation chimique. — Métalloïdes et métaux. — Oxydes. — Acides et bases. — Sels. — Caractères et propriétés des corps simples usuels et de leurs principaux composés. — Notions sur les principaux composés organiques (corps gras, amidon, sucres, boissons fermentées, alcool et acide acétique);

7° Epreuve facultative d'arabe : traduction en arabe d'un texte écrit en français. (Les postulants pourront faire usage d'un dictionnaire.)

Les candidats ne seront admis à subir, en dehors du programme ci-dessus, aucune autre épreuve que celle relative à la connaissance de la langue arabe, pour laquelle ils recevront un nombre de points supplémentaires.

Détermination de la valeur des épreuves.

Les coefficients ci-après serviront à déterminer la valeur des épreuves :

Orthographe	6
Composition française	7
Géographie	2
Arithmétique	5
Physique et chimie	4
Ecriture (cote donnée d'après l'ensemble des compositions)	3
Epreuve facultative d'arabe	2

Le nombre total des points obtenus par les candidats pourvus de titres universitaires sera majoré d'après les bases suivantes :

Pour le baccalauréat complet (classique ou moderne) 1/6
Pour le certificat de législation algérienne et coutumes indigènes 1/8
Pour la 1re partie du baccalauréat, pour le diplôme de bachelier de l'enseignement secondaire spécial et pour le brevet supérieur de capacité.............. 1/10
Pour le brevet élémentaire de capacité.. 1/20

Le titulaire de plusieurs diplômes ne bénéficiera que de la majoration attribuée pour le titre le plus élevé.

Les jeunes gens en possession du diplôme de licencié ès-lettres, ès-sciences ou en droit sont dispensés des épreuves au concours. Leur admission a lieu, du reste, quelle que soit l'époque à laquelle ils se présentent. Ils doivent, comme les autres candidats, fournir à l'appui de leur demande toutes les pièces réglementaires.

Le nombre des surnuméraires à nommer est déterminé à l'avance, d'après les besoins présumés du service, par un arrêté qui fixera en même temps la date de l'ouverture du concours.

Durée du surnumérariat.

Les postulants devront être prévenus que l'Administration ne les maintiendrait pas dans les cadres si, pendant la durée de leur stage, ils n'étaient pas en mesure de subir les nouvelles épreuves qui leur seront imposées avant d'être appelés au premier emploi rétribué.

Les surnuméraires reçoivent, pendant les deux premières années du surnumérariat, une indemnité annuelle de 1.200 francs.

A l'expiration de ces deux années, ceux qui sont maintenus comme admissibles à un emploi sont portés de droit au traitement de 1.500 francs.

Vacances réservées aux sous-officiers.

La loi du 21 mars 1905 a réservé la

moitié des vacances de l'emploi de commis des contributions diverses en Algérie, aux sous-officiers rengagés comptant au moins dix ans de service, dont quatre dans le grade de sous-officier, et qui ont obtenu, en raison de leur manière de servir, l'avis favorable du conseil de régiment, ainsi qu'un certificat d'aptitude professionnelle.

La totalité des vacances dans l'emploi de porteur de contraintes et dans celui de commis auxiliaire est donnée aux sous-officiers rengagés remplissant· les conditions énumérées au paragraphe ci-dessus. (Tableau E de la loi du 21 mars 1905.)

Propositions d'avancement.

Les propositions d'avancement sont dressées à l'expiration de chaque période semestrielle.

Uniforme.

L'uniforme des agents du service est réglementé par le décret impérial du

17 novembre 1852 et par un arrêté du Ministre de la guerre du 23 juin 1856.

Le port de l'uniforme est aujourd'hui tombé en désuétude.

Mariage des employés.

Les règles, en ce qui touche le mariage des employés des contributions diverses, sont les suivantes :

1° En général, les surnuméraires ne devront être choisis que parmi les candidats célibataires;

2° Les surnuméraires et les commis ne pourront se marier qu'après avoir obtenu le consentement de l'Administration;

3° Enfin, les commis principaux, les receveurs et les contrôleurs seront tenus, lorsqu'ils se marieront, de faire connaître au chef de service du département la position de la famille à laquelle ils se seront alliés, afin que l'Administration soit en mesure de juger si

ces employés peuvent continuer leurs
fonctions dans la même résidence.

Mesures disciplinaires.

Dans le cas d'infraction à l'ordre, à
la discipline ou à la morale, les employés de tout grade peuvent être punis,
suivant le cas :

1° De la réprimande simple; d'une re-
tenue disciplinaire de un à cinq jours
de solde;

2° De la réprimande avec mise à l'ordre du service; de la suspension de cinq
jours à un mois;

3° Du retrait d'un grade ou d'une
classe; de la révocation.

Les peines de la première catégorie
peuvent être imposées par le chef de
service; celles de la seconde, par le
Gouverneur général.

Le Ministre peut seul prononcer le
retrait d'un grade ou d'une classe ou la
révocation, après avis d'une commission
d'enquête.

Congés.

Les congés sont accordés par le Gouverneur général, sur la proposition des directeurs.

Les dispositions des articles 16 et 17 du décret du 9 novembre 1853, portant règlement général pour l'exécution de la loi du 9 juin 1853, sur les pensions civiles, sont applicables aux titulaires de congés.

Les congés doivent toujours être renfermés dans la proportion du dixième des cadres.

Congés pour cause de maladie.

Les congés pour cause de maladie sont accordés sur le vu de certificats de visite et de contre-visite délivrés par les médecins en chef des hôpitaux de l'Algérie, constatant le genre et le degré de maladie, le temps probable nécessaire à la guérison, ainsi que la nécessité, pour le malade, de se faire traiter en France.

Prolongations de congés.

Les prolongations de congés sont accordées par le fonctionnaire qui a accordé le congé primitif. S'il s'agit d'une prolongation de congé pour cause de maladie, elle ne peut être accordée que sur le vu de nouveaux certificats de visite et contre-visite.

Congés pour affaires personnelles.

Le Gouverneur général détermine, sur la proposition des directeurs, la quotité du traitement à allouer aux porteurs de congés pour affaires personnelles, dans les limites de l'article 16 du Règlement du 9 novembre 1853.

Durée des congés.

La durée des congés commence à courir du jour du débarquement en France constaté par le « vu arriver » du fonctionnaire chargé des embarquements. Les fonctionnaires, employés ou agents doivent être de retour au plus tard le jour de l'expiration de leur congé. Le retour et sa date réelle doivent être également constatés par le « vu arriver » du même fonctionnaire. Le traitement d'activité recommence à courir à dater du lendemain du jour de l'arrivée au port d'embarquement.

Suspension de congé en cas d'inspection des finances.

Au moment de l'arrivée de l'inspection des finances dans le lieu de résidence des comptables, l'effet de tout congé obtenu, mais dont l'usage n'aurait pas encore commencé, serait momentanément suspendu. Aucun agent ne peut, dans ce cas, profiter d'une permission d'absence, sans en avoir référé à l'inspecteur général ou particulier.

Congés des porteurs de contraintes.

Congés de convalescence. — En principe, les porteurs de contraintes ne pourront obtenir des congés de convalescence que s'ils n'ont joui d'aucune autorisation d'absence ou d'aucun congé pendant quatre années consécutives au minimum.

Les congés ne pourront excéder une durée de deux mois. Cette durée pourra exceptionnellement être portée à trois mois, au cas de prolongation indispensable pour cause de maladie dûment constatée.

La question de solde d'absence est ainsi réglée : solde entière pendant tout ou partie des congés de convalescence réguliers de deux mois;

Le tiers au moins ou la moitié au plus pendant le troisième mois.

Après trois mois de congé, consécutifs ou non, dans la même année, tout traitement sera supprimé et il sera pourvu au remplacement provisoire de l'agent. Ce remplacement deviendra définitif si, après six mois d'interruption de service, l'agent n'est pas en état de reprendre ses fonctions.

Congés pour affaires personnelles.

Ces congés ne pourront dépasser un mois. Ils ne devront être accordés que dans le cas de circonstances impérieuses. Aucune condition de présence effective n'est exigée.

La délivrance de ces congés reste, en tous cas, subordonnée aux·exigences du service; elle ne pourra avoir lieu que si l'agent peut s'absenter sans inconvénient à l'époque où il demandera à jouir de son congé.

Passages gratuits pour France.

Les passages gratuits pour France sont délivrés par la préfecture, sur le vu des titres de congé.

Hospitalisation des employés.

Les employés ne sont plus reçus dans les hôpitaux militaires que dans les villes où il n'existe pas d'hôpital civil propre à les recevoir.

La répartition et la durée des saisons dans les établissements militaires d'eaux thermales situés en France et en Algérie ont été réglées par la circulaire gouvernementale du 19 juillet 1877.

Les époques de transmission des demandes sont ainsi fixées :

Avant le 1er mars   pour les deux premières saisons de tous les établissements, excepté la deuxième de Bourbonne-les-Bains;

Avant le 1er mai, pour les dernières saisons de tous les établissements, y compris la deuxième de Bourbonne-les-Bains.

Passages sur les paquebots.

Ont droit au passage au compte du budget du gouvernement général de l'Algérie, sur les paquebots faisant le service de la correspondance entre la France et l'Algérie :

1° Les fonctionnaires, agents, employés, préposés et gens de service directement rétribués sur les fonds du budget de l'Etat au service des contributions diverses, lorsqu'ils sont nommés en Algérie ou qu'ils sont mis à la retraite, réintégrés dans les cadres de l'Administration métropolitaine, ou licenciés autrement que par mesure disciplinaire;

2° Les femmes et enfants, les pères et mères desdits fonctionnaires et agents, lorsque ceux-ci sont nommés en Algérie, ou décédés en activité de service.

La durée du droit au passage de rapatriement prévu par les paragraphes 1 et 2 n'excédera pas un an à compter de la date de la cessation des fonctions ou du décès du chef de famille;

3° Les fonctionnaires, agents, employés et préposés mentionnés au paragraphe 1er, lorsqu'ils sont porteurs d'un congé, et après un séjour consécutif de deux ans en Algérie;

4° La femme et les enfants qui accompagnent le chef de famille muni d'un congé, et après deux années de séjour consécutif en Algérie.

Le classement à bord des fonctionnaires, agents, employés et préposés auxquels l'article 1er ci-dessus ouvre le droit au passage gratuit est fixé comme suit :

La 1re classe est accordée à tout fonctionnaire ou agent dont le traitement (y compris, s'il y a lieu, le supplément colonial) est de 4.000 francs et au-dessus.

La 2e classe est accordée à ceux dont le traitement n'atteint pas le chiffre de 4.000 francs.

Les agents inférieurs sont placés en 3e classe.

Le classement à bord des fonctionnaires et agents s'étend de droit à tous les membres de leur famille voyageant au compte de l'Etat, même lorsque ceux-ci sont embarqués isolément.

Ont droit également au passage aux

frais de l'Etat la femme ou les enfants des fonctionnaires et agents, en cas de maladie personnelle dûment constatée, et après un séjour consécutif de deux ans dans la colonie.

Dans ce cas, le passage de la mère entraîne le passage des enfants au-dessous de 15 ans, et réciproquement, le passage d'un enfant au-dessous de 15 ans entraîne le passage du père ou de la mère.

Tous ces passages sont délivrés, par délégation du Gouverneur général, par les préfets des trois départements, à charge par ces fonctionnaires d'en rendre compte à l'expiration de chaque mois.

Les fonctionnaires et agents non pourvus d'une autorisation de passage gratuit bénéficieront du rabais consenti par les Compagnies au profit de l'Administration, sur le prix du tarif commercial.

Le bénéfice de cette réduction est

étendu à leurs femmes, enfants, ascendants et domestiques.

Langue arabe.

Les agents des contributions diverses qui justifient de la connaissance de la langue arabe devant le jury d'examen institué par le décret du 4 décembre 1849 sont appelés à recevoir, suivant leur degré de capacité, une prime annuelle de 500 francs ou de 300 francs. (D. 4 avril 1871 - 14 mai 1875).

Programme des examens.

1re CLASSE ; *Prime de* 500 *francs.*

1° Exercice d'interprétation orale, en français et en arabe, sur tous les points du service en général. — Narration d'un fait, explications, détails sur l'administration;

2° Lecture et traduction orale et par écrit d'arabe en français. — Une lettre très difficile et un passage d'ouvrage arabe manuscrit que les membres du jury déterminent. — Traduction écrite du français en arabe. — Une proclamation ou un document d'au moins vingt lignes en français. — Une heure sera accordée pour cette épreuve.

2e CLASSE : *Prime de 300 francs*.

1° Interprétation orale sur les points ordinaires du service;

2° Lecture et traduction orale et par écrit d'une lettre arabe d'un style simple;

3° Traduction, par écrit, du français en arabe d'une lettre ou d'un avis d'un ordre d'idées assez simple. — Les pièces à traduire pourront être préalablement soumises pendant un quart d'heure à l'examen des candidats. On pourra faire usage du dictionnaire.

Retraites.

Les fonctionnaires et agents des contributions diverses ont droit à une pension de retraite conformément aux dispositions de la loi du 9 juin 1853.

Le droit à la pension de retraite est acquis par ancienneté à 60 ans d'âge et après trente ans de services accomplis.

Néanmoins, il suffit de 55 ans d'âge et de vingt-cinq ans de services pour obtenir une pension.

La pension est basée sur la moyenne des traitements dont l'ayant droit a joui pendant les six dernières années d'exercice.

La pension est réglée, pour chaque année de services civils, à un soixantième du traitement moyen.

Après vingt-cinq ans de services, elle est de la moitié du traitement moyen, avec accroissement, pour chaque année en sus, d'un cinquantième du traitement.

Les services militaires concourent avec les services civils pour établir le droit à pension et sont comptés pour leur durée effective, pourvu toutefois que la durée des services civils soit au moins de douze ans.

Si les services militaires sont déjà rémunérés par une pension, ils n'entrent pas dans le calcul de la liquidation.

Le supplément accordé à titre de traitement colonial n'entre pas dans le calcul du traitement moyen.

Peuvent exceptionnellement obtenir une pension, quels que soient leur âge et la durée de leurs services :

1° Les fonctionnaires et agents mis hors d'état de continuer leurs services, soit par suite d'un acte de dévouement dans un intérêt public ou en exposant leurs jours pour sauver la vie d'un de leurs concitoyens, soit par suite de lutte ou combat soutenu dans l'exercice de leurs fonctions;

2° Ceux qu'un accident grave, résultant notoirement de l'exercice de leurs fonctions, met dans l'impossibilité de les continuer.

A droit à pension la veuve du fonctionnaire qui a obtenu une pension de retraite ou qui a accompli la durée de services exigée, pourvu que le mariage ait été contracté six ans avant la cessation des fonctions du mari.

La pension de la veuve est du tiers de celle que le mari avait obtenue ou à laquelle il aurait eu droit.

TABLE DES MATIÈRES

Paris et Limoges. — Imp. milit. Henri CHARLES-LAVAUZELLE.

CARRIÈRES MARITIMES

Marine nationale. Programme des conditions requises pour l'obtention du grade d'enseigne de vaisseau, sans passer par les Ecoles navale ou polytechnique. — Brochure in-18 de 22 pages (2e édition)........................ » 50

Les mécaniciens de la marine de l'Etat (Ecole des ouvriers mécaniciens de Lorient, engagements volontaires, apprentis mécaniciens, élèves mécaniciens). Conditions d'admission, programme des connaissances exigées. — Brochure in-18 de 64 pages.............. » 75

Loi du 24 décembre 1896 sur l'inscription maritime, modifiée par la loi du 28 janvier 1898. Texte revu, commenté et précédé d'un court historique de l'institution de l'inscription maritime (mise à jour jusqu'au 1er janvier 1904). — Brochure in-18 de 112 pages. 1 25

Ecole des mousses de la marine nationale. But de l'Ecole, conditions d'admission ; régime de l'Ecole et règlement intérieur. — Brochure in-10 de 52 pages.................... » 75

Programmes des conditions d'admission au brevet de *capitaine au long cours* et aux diplômes d'officier et d'élève de la marine marchande. — Brochure in-18 de 78 pages. 1 »

CARRIÈRES ALGÉRIENNES

Contributions directes. Organisation. Personnel. Traitements. Recrutement du personnel. Programme des matières. Répartiteurs. Programme. Avancement. Mesures disciplinaires. Congés. Passages. Retraites. — Brochure in-18........................... » 75

Contributions diverses. Organisation. Personnel. Recrutement. Programme des matières. Avancement. Uniforme. Mariage. Mesures disciplinaires. Congé. Passages. Retraites. — Brochure in-18..................... » 75

Le Catalogue général de la Librairie Militaire est envoyé gratuitement à toute personne qui en fait la demande à l'éditeur Henri CHARLES-LAVAUZELLE.